하나님나라
제자훈련

워크북 ❸

세상에 대한 유일한 이야기: 성경

하나님나라 제자훈련

워크북 ❸

세상에 대한 유일한 이야기: 성경

초 판 3쇄 발행 2019년 4월 5일
개정판 4쇄 발행 2023년 3월 23일
수정판 1쇄 발행 2024년 11월 15일

지은이 이종필
펴낸이 김춘자
펴낸곳 목양북

등록 2024년 3월 22일 제 2024-047호
주소 경기도 용인시 처인구 양지면 학촌로53번길 19
전화 070-7561-5247 팩스 0505-009-9585
이메일 mokyang-book@hanmail.net

하나님나라 복음에 입각하여
세계관적 접근을 바탕으로
총체적 기독교 신앙을 양육하는

하나님나라
제자훈련

워크북 ③

세상에 대한 유일한 이야기: 성경

이종필 지음

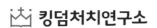
킹덤처치연구소

차례

추천의 글 · 6
하나님나라 제자훈련의 유익 · 8
하나님나라 제자훈련을 받는 이들에게 드리는 글 · 10

1권 복음과 기독교 세계관
제1과 복음이란 무엇인가?
제2과 기독교 신앙의 세계관적 접근
제3과 기독교 세계관의 유일성
제4과 기독교 세계관의 특징
제5과 기독교 세계관의 기본 내용 (1) 인간에 대하여
제6과 기독교 세계관의 기본 내용 (2) 세상 역사에 대하여

2권 복음적 삶의 기초
제1과 그리스도인이 된다는 것의 의미
제2과 신앙과 삶의 일치
제3과 세상 속의 그리스도인
제4과 복음을 통한 공적 영역의 회복
제5과 하나님나라를 구하는 기도
제6과 복음을 증거하는 삶

3권 세상에 대한 유일한 이야기 : 성경
제1과 하나님의 말씀인 성경 · 13
제2과 창조와 타락 · 23
제3과 이스라엘을 통한 하나님의 구원 계획 · 33
제4과 예수 그리스도를 통한 구원 · 43
제5과 하나님나라의 도구, 교회 · 53
제6과 성령을 따라 살아가는 삶 · 63
제7과 하나님나라의 완성 · 73

추천의 글

　개척의 불모지인 강남에 교회를 개척하여 오로지 말씀으로 건강하고 강력한 공동체를 세운 이종필 목사의 핵심적인 스피릿이 이 교재에 녹아 있다. 성경적인 동시에 상황적이며, 이론적인 동시에 실천적이며, 신학적인 동시에 교회적인 이 교재야말로 위기에 빠진 한국교회의 많은 성도들을 양육하기에 매우 적절하다. 그의 수고에 찬사를 보낸다.
　김인중 목사(안산동산교회 원로목사)

　'하나님나라'는 주님께서 전하신 복음의 핵심 내용입니다. 이종필 목사님은 이 교재에서 진정한 제자가 반드시 알아야 할 '하나님나라'의 원리와 실천에 대해 매우 정확하게 정리하고 있습니다.
　성석환 교수(장로회신학대학교 교수/도시공동체연구소장)

　그는 오늘날의 목회자들이 강조하는 '복음'이 정말 '복음'인지 고민하였고, 혼신의 힘을 다해 부흥을 이루려는 '교회'가 정말 '교회'인지 고민하면서 살아왔다. 그는 이제 그가 깨달은 복음과 교회를 이 교재 속에 담았다.
　김정우 교수(총신대학교 신학대학원 교수, 한국신학정보연구원장)

아직까지 기본 신앙교육에서부터 하나님나라 신학에 입각한 성경의 세계관적 지향을 담아내는 교재가 없었다. 학문적 신학에서도 이 작업을 체계적으로 수행해 놓지 못한 상태에서 회중들의 현실을 하나님나라의 비전을 갖고 치열하게 대면해 온 목회자이며 말씀운동가인 저자가 용기 있게 돌파구를 열어주었다.

오형국 목사(한국성서유니온선교회 광주지부 총무)

이 교재는 이 치명적인 질병에 직면하고 가장 중대한 복음, 하나님나라의 세계관으로 우리를 세밀하고 확고하게 이끌어주는, '삶의 실천으로 써내려간' 역작입니다.

정갑신 목사(예수향남교회 담임목사)

하나님나라 제자훈련의 유익

그동안 하나님나라 제자훈련(목양, 2016 / 2019년 하나님나라 제자훈련(인도자지침서)로 개정)을 사용하시는 목사님들과 성도님들께서 조금 더 쉽게 사용할 수 있는 교재를 요청했습니다. 이러한 현장의 필요를 담아 하나님나라 제자훈련의 내용을 성도들이 쉽게 공부하도록 워크북 형식의 시리즈를 기획했습니다.

이 교재를 사용하신다면 다음과 같은 유익을 얻을 수 있습니다.

1) 포괄적이고 총체적인 기독교 세계관을 훈련할 수 있습니다

우리는 이 세상의 회복을 위해 하나님의 말씀으로 세상의 모든 영역에 대해 기독교적 사고를 훈련해야 합니다. 이 교재를 통해 하나님 백성의 세계관을 형성하고, 새롭게 변화된 세계관을 가지고 이 세상을 회복하시는 하나님나라 복음을 증언하는 진정한 그리스도인으로 성장할 수 있습니다.

2) 포스트모던 시대에 맞는 변증을 통해 신앙의 확신을 얻을 수 있습니다

어느 시대나 신앙에 관한 변증이 필요합니다. 변증은 이 세상을 살아가는 우리 스스로에게 일어나는 신앙에 대한 의심들을 해소시키는 것이며, 나아가 기독교가 전하는 복음이 세상에 제시하는 대안과 비전을 선포하는 과정입니다. 이 교재를 통해 유일한 진리인 복음에 대한 도전들에 대해 답할 수 있는 건강한 그리스도인으로 성장할 수 있습니다.

3) 복음을 실제화하는 삶의 방식을 훈련할 수 있습니다

이 시대에 기독교 신앙은 성경을 사변적으로 이해하는 것을 넘어서서 삼위일체 하나님을 주님으로 신뢰하고 살아가는 삶의 방식이어야 합니다. 그 삶의 방식으로 참된 기독교 신앙을 증거할 수 있습니다. 이 교재를 통해 우리가 살아가는 모든 삶의 영역에서 하나님나라의 통치를 구현하는 복음의 실제화가 가능합니다. 복음을 살아내는 성도로 성장하실 것입니다.

이 교재의 모든 내용은 필자의 창작물이 아닙니다. 필자가 성장하며 배웠던 기독교 신앙의 내용과 교재들에 근거하고 있을 뿐입니다. 다만, 시대의 변화에 맞추어 약간 새로운 방식으로 기독교 신앙을 훈련하는 방법을 찾아서 최신의 신학자와 목회자들의 연구들을 가져왔습니다. 다양한 연구물들을 정리한 것이지, 필자의 것은 전혀 없습니다. 모쪼록 도움이 되시길 기대해 봅니다.

2024년 10월
이종필 목사

하나님나라 제자훈련을 받는 이들에게 드리는 글

1. 하나님나라 제자훈련을 받게 되신 여러분을 축복합니다. 만약 신앙에 도움 되는 독서를 원하시면 다음의 책들을 추천해 드립니다.

1) 성경은 드라마다 (마이클 고힌/크레이그 바르톨로뮤, IVP)
2) 세계관은 이야기다 (마이클 고힌/크레이그 바르톨로뮤, IVP)
3) 니고데모의 안경 (신국원, IVP)
4) 나는 왜 그리스도인이 되었는가 (존 스토트, Ivp)
5) 하나님나라 관점으로 구약관통/신약관통 (이종필, 넥서스크로스)

2. 하나님나라 제자훈련을 받으시는 과정에서 교회의 사정에 따라 인도자를 통해 과제가 주어집니다. 이 과제는 여러분들의 삶을 돌아봄으로서 하나님의 인도하심을 정리하며, 하나님나라를 누리는 삶을 위해 여러분이 훈련해야 할 요소들을 점검하고, 여러분들의 미래의 삶을 하나님나라의 비전 안에서 정리해 보는 것입니다. 주어진 책을 읽고 보고서를 내는 과정에서 양육하시는 교역자와 진실한 소통이 이루어질 것입니다.

보고서 제목	기한	읽고 요약할 책	내용
나의 신앙 여정	제1권 복음과 기독교 세계관 4과가 끝나기 전에	<믿고 싶지만 믿어지지 않는 이에게> 아르카, 2020, 이종필 지음	자신이 어떻게 그리스도인이 되게 되었는지 혹은 지금까지 그리스도인으로 살아왔는지 정리합니다. 자신의 과거를 요약하며, 어떠한 신앙적 배경이 있고, 어떻게 하나님을 만났으며, 교회 생활의 변동은 어땠는지, 아직도 기독교에 대한 확신이 없다면 이유는 무엇인지 기록해 봅니다. (책 요약 A4 2장, 자신에게 적용 2장)
나에게 필요한 훈련	제 2 권 복음적 삶의 기초 4과가 끝나기 전에	<훈련> 목양, 2010, 이종필 지음	책을 읽고 기독교 신앙에 훈련이 왜 필요한지 정리합니다. 책이 다루는 11가지 주제들 각각에 대하여 자신의 삶에 적용하고, 하나님나라를 누리는 삶을 위해 자신에게 어떤 훈련이 필요한지 두 가지 주제를 선택하여 적용해 봅니다. (책 요약 A4 2장, 자신에게 적용 2장)
나의 미래 계획서	제 3 권 세상에 대한 유일한 이야기: 성경 4과가 끝나기 전에	<비전 위대한 인생의 시작> 목양, 2019 개정판, 이종필 지음	책을 읽고 요약합니다. 그리고 복음이 자신의 삶에 어떻게 적용되며, 어떤 부르심이 있는지 훈련 기간 동안 생각한 내용을 기록합니다. 나아가 그 부르심을 위해 어떻게 살아가야 할지 구체적으로 계획을 세워 봅니다. (책 요약 A4 2장, 자신에게 적용 2장)

3. 본 교재는 총 3 부로 구성되어 있습니다. 각 과정은 각각 6과 6과 7과입니다. 인도자의 결정에 따라 공부한 내용을 시험을 통해 정리하게 됩니다. 또한 인도자 지침서에 나오는 이단에 대한 강의가 한 주 추가될 수 있습니다. 이단에 대한 강의를 듣고 내 주변에 활개를 치는 이단들을 조사하여 발표하면 서로의 신앙에 많은 유익이 있을 것입니다.

4. 하나님나라 제자훈련은 지식만을 배우는 것이 아닙니다. 함께 건강한 공동체를 이루며, 나아가 천하만민의 복의 통로가 되는 제자로 성장하는 것을 목적으로 합니다. 따라서 가급적 그룹을 이루어 진행 하십시오. 그리고 서로 친밀해지는 교제의 시간을 가지며 함께 훈련하는 분들과 공동체를 이루어 가시길 바랍니다.

1 하나님의 말씀인 성경

1. 성경이 하나님의 계시인지 논증한다.
2. 성경을 통해 우리 신앙의 근거와 삶의 방향을 세우기 위한 실천 방안을
   논의한다.

우리가 지금까지 정리한 대로
예수께서는 하나님의 구원을 성취하신 메시야이자 부활하신 주님이며,
그를 통해 하나님나라가 성취되었다는 것을 믿는 것이 기독교 신앙이다.
이 기독교 신앙은 철저히 성경에 근거하고 있다.
하지만 현대사회에는 이미 성경에 대한 오래된 다양한 의심들이 존재한다.
사실상 성경의 모든 부분들이 의심을 받고 있는 상황이며
신학자들도 성경을 다양한 방법으로 부정하고 있다.
이 가운데서 우리는 성경을 어떻게 이해하고 받아들여야 하는지 고민해보자.

주제 말씀 읽기와 찬양

· **찬양으로 마음열기**

· **주제 말씀** 디모데후서 3장 14-17절

"그러나 너는 배우고 확신한 일에 거하라 너는 네가 누구에게서 배운 것을
알며 또 어려서부터 성경을 알았나니 성경은 능히 너로 하여금 그리스도
예수 안에 있는 믿음으로 말미암아 구원에 이르는 지혜가 있게 하느니라
모든 **성경**은 하나님의 감동으로 된 것으로 교훈과 책망과 바르게 함과 의로
교육하기에 유익하니 이는 하나님의 사람으로 온전하게 하며 모든 선한일
을 행할 능력을 갖추게 하려 함이라"

· **여는 대화**

1) 당신은 성경이 무엇이라 생각합니까?

2) 당신은 성경이 하나님의 말씀으로 믿어지십니까?

   그렇다면 이유는 무엇이며, 그렇지 않다면 이유는 무엇입니까?

깊이 들어가기

1. 성경에 대한 의심들은 이성과 과학을 믿는 믿음에서 비롯됩니다.

16세기 이후 계몽주의 철학의 영향으로 서서히 형성된 과학적 합리주의는 성경을 믿을 수 없는 문서로 격하시키기 시작했습니다. 이에 성경이 진리를 담고 있지만 많은 부분에 오류가 있다고 주장 하는 신학자들도 생겨났습니다. 왜 이러한 주장들이 나오게 되었을까요? 그것은 바로 이들이 과학적 합리주의의 신봉자들이었기 때문입니다. 이들은 과학법칙을 벗어나는 일들은 절대 일어날 수 없다는 믿음으로 성경을 바라보았고, 신에 의한 절대적 계시는 불가능한 것으로 단정 지었습니다. 하지만 이러한 주장들의 근거는 과학적 진실이 아닙니다. 그 근거는 바로 자신들의 이성과 과학적 발전에 대한 무한한 믿음입니다.

하지만 만약 이 세상을 창조하신 하나님이 신적 능력으로 자신의 뜻을 계시할 수 있고, 그 신적 능력으로 하나님의 구원을 예수를 통해 이루실 수 있다는 두 가지 믿음이 있다면 성경에 대한 의심들의 근거는 힘을 잃을 것입니다. 마치 우리가 믿음으로 성경을 하나님의 말씀으로 고백하는 것처럼, 합리주의자들의 주장은 이성과 과학을 신봉하는 자신들의 믿음에 근거한 고백에 불과합니다.

> "축자 영감이란 성령님이 인간 저자들을 통해 말씀하셨고 지금도 말씀하시는 것-사용된 단어들의 명백하고도 자연스러운 의미에 따라 이해되는-이 참되며 오류가 없다는 의미이다. 기독교의 이러한 믿음에 대해 당황하거나, 그것으로 인해 부끄러움이나 두려움을 가질 필요는 전혀 없다. 반대로 그것은 아주 합리적이다. 단어들은 문장을 구성하고 있는 단위이기 때문이다. 단어는 말의 기초 요소이다. 그러므로 정확한 단어로 구성된 정확한 문장을 구성하지 않고서 정확한 메시지를 나타내는 것은 불가능하다. 이것이 사도들의 주장이다."
> 존 스토트

2. '성경은 믿을 수 없다'는 주장과 그에 대한 답변을 정리해 봅시다.

성경의 내용을 신뢰할 수 없다는 주장은 크게 두 가지 의견으로 제기됩니다. 하나는 성경의 많은 부분이 - 특히 기적 이야기들 - 날조된 기록들이라는 것이며, 다른 하나는 성경 자체에도 이미 같은 사건들에 대한 모순적인 기록들이 있다는 것입니다.

1) 성경에 나타난 기적을 믿을 수 없다는 주장

성경은 하나님과 예수(와 그의 제자들)에 의한 많은 기적들을 기록하고 있습니다. 그리고 이 기적들이 과학적 법칙에 위배되기 때문에 일반적으로는 일어날 수 없다는 주장은 옳습니다. 하지만 그렇기 때문에 그런 일이 일어난 적이 없다든지 하나님도 그런 일을 하실 수 없을 것이라는 주장은 근거가 없습니다. 그저 성경이 계시하는 하나님을 믿지 않는 불신이지 합리적인 판단이 아닙니다. 오히려 전지전능하신 하나님을 믿는 신앙인에게는 성경에 기록된 기적들이 이 세상을 창조하시고 다스리시는 하나님의 능력의 계시입니다.

2) 성경 안에 있는 기록들이 상호 모순되었다는 주장

성경 안에는 같은 사건들에 대한 모순적인 기록들이 있기 때문에 믿을 수 없는 책이라는 주장도 있습니다. 다음은 부활 목격의 상이한 부분들입니다.

하지만 이 표면적 상이함이 성경 자체 기록의 신뢰성을 떨어뜨리거나 성경에 기록된 사건들이 날조된 기록임을 보여주는 것이 아닙니다. 복음서들은 어떤 사건을 시간 순서에 따라 기록한 것이 아니라 사건을 전하려는 목격자가 듣는 사람들에게 증언을 하는 형식으로 기록된 것입니다. 목격자들의 증언에는 약간의 상이함이 있을 수 있습니다. 신학자 톰 라이트는 그 상이함이 오히려 부활 사건 자체의 사실성을 더 강력하게 증거하며, 말을 맞춘 날조된 기록들이 아니라는 것을 확실히 보여준다고 말합니다.

마태복음 28:2-5	큰 지진이 나며 주의 천사가 하늘로부터 내려와 돌을 굴려 내고 그 위에 앉았는데 그 형상이 번개 같고 그 옷은 눈 같이 희거늘 지키던 자들이 그를 무서워하여 떨며 죽은 사람과 같이 되었더라 천사가 여자들에게 말하여 이르되 너희는 무서워하지 말라 십자가에 못 박히신 예수를 너희가 찾는 줄을 내가 아노라
마가복음 16:5	무덤에 들어가서 흰 옷을 입은 한 청년이 우편에 앉은 것을 보고 놀라매
누가복음 24:2-4	돌이 무덤에서 굴려 옮겨진 것을 보고 들어가니 주 예수의 시체가 보이지 아니하더라 이로 인하여 근심할 때에 문득 찬란한 옷을 입은 두 사람이 곁에 섰는지라
요한복음 20:6-7	시몬 베드로는 따라와서 무덤에 들어가 보니 세마포가 놓였고 또 머리를 쌌던 수건은 세마포와 함께 놓이지 않고 딴 곳에 쌌던 대로 놓여 있더라

당신은 성경을 폄하하는 다양한 주장을 들어본 적이 있습니까?
그 주장들에 대해 어떻게 생각하십니까?

3. 성경이 하나님의 말씀이라는 내적, 외적 증거들이 넘쳐납니다.

 당신은 성경을 하나님의 말씀으로 확신하십니까?
그렇다면 근거는 무엇입니까?

1) 성경의 내적증거
성경은 그 자체로 하나님의 말씀을 기록한 것이며, 성령의 영감으로 오류
가 없다는 것을 주장합니다.

"여호와의 말씀이 내게 임하여 이르시되" (에스겔 11:14)

신약의 저자들도 구약을 일컬어 성령의 감동으로 된 것이라고 강조합니다.

"먼저 알 것은 성경의 모든 예언은 사사로이 풀 것이 아니니 _____

_____

_____ 말한 것임이라" (베드로후서 1:20-21)

마찬가지로 27권의 신약성경도 구약의 모든 말씀을 성취하는 성경으로 수
납되었습니다. 성령께서 그 감동으로 각 저자들의 모든 특성을 사용하여 기록
하게 하셨으나, 그 기록에 있어 거짓이나 오류가 없게 하셨습니다. 성령의 감
동은 하나님의 구원계시의 통일성을 완전히 유지하며, 모든 단어 하나하나까
지 절대적인 진리로 완전하게 하셨습니다.

2) 성경의 외적 증거

성경은 1500년 정도의 기간 동안 히브리어와 헬라어로 수십 명의 저자들에 의해 기록되었습니다. 그럼에도 불구하고 세상을 창조한 하나님께서 하나님을 반역한 인간과 그 결과로 왜곡된 세상을 구원하는 이야기를 완벽한 통일성으로 전달하고 있다는 것은 성경이 하나님의 말씀이라는 가장 강력한 증거입니다. 또한 수천 년에 걸쳐 사본들에 의해 전달되면서도 사본들이 거의 완벽히 일치한다는 사실도 하나님께서 하나님의 말씀인 성경의 보존을 위해 섭리하셨다는 증거입니다.

내적 증거	구약 저자들의 언급 "여호와께서 말씀하시기를…"
	신약 저자들의 주장 "성경은 하나님의 감동으로 됨"
외적 증거	긴 시대 다수의 저자들이 기록한 설명 자체의 놀라운 통일성
	엄청난 사본들에 의한 놀라운 보존과 전승

도표1. 성경이 하나님의 말씀임을 정거하는 내적/외적 증거

4. 하나님의 말씀인 성경에 대한 우리의 올바른 태도가 필요합니다.

1) 믿고 배우기에 힘써야 합니다.

우리는 성경을 하나님의 말씀으로 믿고, 성경 전체의 내용을 복음으로 배우려는 자세를 가져야 합니다. 복음은 예수 그리스도의 죽음과 부활을 통해 결정적으로 계시되었지만, 그 풍성하고 깊은 의미를 다 이해하기 위해 진지한 연구가 필요합니다. 또한 이해된 복음에는 철저히 순종해야 합니다. 하나님은 이스라엘의 왕에게 말씀을 평생 곁에 두고 배우라고 하셨습니다.

성경은 하나님의 백성이 순종하여 하나님의 통치를 이 땅에 회복하는 것을 목적으로 합니다.

2) 목회자들의 진지한 연구와 가르치는 열심이 있어야 합니다.

교회에서 하나님의 말씀을 설교하는 목회자들은 하나님의 말씀에 대한 평생에 걸친 진지한 연구가 있어야 합니다. 또한 설교와 양육을 통해 말씀을 배우는 성도들은 설교자를 위해 기도하며 설교자를 통해 주어지는 하나님의 말씀을 진실하게 듣고 하나님의 뜻을 따라 살아가야 합니다.

"에스라가 _____
_____ 결심 하였었더라" (에스라 7:10)

3) 우리는 하나님께서 나를 통치하시도록 읽고 묵상하는
경건의 시간을 가져야 합니다.

하나님의 말씀은 우리가 읽을 수 있는 언어로 주어졌고 번역되었습니다. 우리는 성경을 타락한 마음으로 읽지 않도록 기도해야 하며, 성경을 묵상하는 경건의 시간을 가져야 합니다. 이렇게 말씀을 가까이 할 때 우리의 삶에 하나님의 통치가 이루어집니다. 우리 삶에 임재한 하나님나라는 우리 삶과 가정을 회복케하며 나아가 우리를 통해 세상에 하나님나라가 이루어지는 경험을 할 수 있습니다.

"

_____

_____

_____

_____ 금 곧 많은 순금
보다 더 사모할 것이며 꿀과 송이꿀보다 더 달도다" (시편 19:7-10)

> "그리스도인의 삶에서 큰 과제 가운데 하나는 성경 앞에 귀를 여는 것이다. 중심되
> 는 방법이 바로 예배이다. 예배는 근본적으로 하나님의 말씀에 귀를 기울이고 응답
> 하는 행위이다."
>
> 유진 피터슨

 Question 3 성경을 통해 하나님의 통치를 경험하는 삶을 살아가기 위해
당신은 어떻게 성경을 읽고 배우길 결단하십니까?

내용 정리하기

- **인도자 Question** (인도자가 제시하는 질문으로 의견을 나눕니다.)

- **간증을 읽고 결단하기**

어릴적부터 교회를 다녀 신앙을 가졌지만 성장하면서 습득한 세상의 지식들은 점점 성경에 의심을 품게했습니다. 저는 이 의심들이 합리적이라고 생각했습니다. 그런데 스스로 이러한 의심들을 해결하려고 하면 할수록 더 많은 의심들이 찾아왔습니다.

여기에 성경에 대한 의심 자체를 믿음의 부족으로 정죄하고 무조건적인 믿음을 요구하는 한국 교회의 풍토는 저를 더 힘들게 했고, 결국 저는 신앙을 버리고 교회를 떠났습니다.

십년이 넘게 하나님을 떠나 있다가 신앙생활을 다시 시작하면서, 하나님나라 제자훈련 등 성경에 대한 체계적 훈련을 접했습니다. 훈련을 받으며 답을 찾을 수 없을 거라고 생각했던 의심과 고민에 대한 답을 성경에서 찾을 수 있었습니다. 성경을 의심했다는 죄책감으로부터 벗어나, 성경을 하나님의 말씀으로 신뢰하고 성경을 통해 확고한 기독교적 세계관을 가질 수 있게 되었습니다. 제 존재와 삶이 발을 딛고 서 있을 수 있는 든든한 기초가 생겼습니다. 앞으로의 삶에서도 많은 어려움과 시험을 만나겠지만 그럼에도 흔들림 없이 나아갈 수 있는 믿음의 기초를 쌓게 하신 하나님께 감사합니다.

성경으로 존재의 이유와 삶의 목표를 찾은 저는 이제 과거의 저처럼 흔들리고 방황하는 사람들을 잡아주고 싶습니다. 더 많은 사람들이 같은 기반 위에 서서 같은 곳을 바라보며 하나님나라 확장을 위해 사용되길 소망합니다.

기도하며 마무리하기

우리에게 성경으로 진리의 말씀을 주신 하나님. 그 말씀을 읽고 묵상하며 깨달아 하나님의 뜻대로 순종하는 삶을 살아갈 수 있도록 인도하여주옵소서.

2 창조와 타락

1. 성경을 통해 하나님이 창조한 세상에 대해 정리한다.
2. 타락의 본질과 결과를 이해한다.
3. 창조와 타락의 이해를 바탕으로 예수님을 통한 구원의 밑그림을 그린다.

세상을 창조하신 하나님이 존재하시고,

우리에게 성경을 통해 구원의 길을 계시하셨다면,

우리는 이제 기독교 세계관을 정립하기 위해 성경의 이야기를 요약해야 한다.

성경의 이야기는 창조에서 시작되어야 한다.

성경적 세계관은 하나님의 창조를 논하지 않고는 시작될 수 없다.

주제 말씀 읽기와 찬양

• **찬양으로 마음열기**

• **주제 말씀**   로마서 3장 9-18절

"그러면 어떠하냐 우리는 나으냐 결코 아니라 유대인이나 헬라인이나 다 죄
아래에 있다고 우리가 이미 선언하였느니라 기록된 바 의인은 없나니 하나
도 없으며 깨닫는 자도 없고 하나님을 찾는 자도 없고 다 치우쳐 함께 무익
하게 되고 선을 행하는 자는 없나니 하나도 없도다 그들의 목구멍은 열린
무덤이요 그 혀로는 속임을 일삼으며 그 입술에는 독사의 독이 있고 그 입
에는 저주와 악독이 가득하고 그 발은 피 흘리는 데 빠른지라 파멸과 고생
이 그 길에 있어 평강의 길을 알지 못하였고 그들의 눈 앞에 하나님을 두려
워함이 없느니라 함과 같으니라"

• **여는 대화**

1) 세상의 기원에 대해 창조 이외의 다른 생각을 해 본 적 있습니까?
   세상의 기원에 대한 어떤 다른 설명이 가능할까요?

2) 창조와 타락에 대하여 당신이 가진 궁금증은 무엇입니까?

깊이 들어가기

1. 하나님께서 세상을 창조하셨습니다.

"태초에 하나님이 천지를 창조하시니라" (창세기 1:1)

하나님이 세상을 창조하셨습니다. 이것은 과학적으로 입증하기도 부인하기도 어렵습니다. 그러므로 창조는 과학적 입증이 아닌 믿음을 요구합니다. 하나님은 세상을 선하게 창조하셨고, 세상에 복을 주셨으며, 창조 이후에도 계속 세상을 다스리시는 분이심을 성경이 말하고 있습니다. 이러한 창조를 바탕에 둘 때, 우리는 우리 자신과 이 세상에 대해 올바른 사고를 시작할 수 있습니다.

2. 하나님은 모든 피조물을 아름답게 창조하셨고, 특별히 인간을 하나님의 형상으로 창조하셨습니다.

인간을 비롯한 모든 피조물은 하나님의 창조물이므로 그 자체로 선하고 아름답습니다. 자연 만물부터 음식, 스포츠, 성, 예술에 이르기까지 모두가 하나님의 선한창조의 일부입니다.

"혼인을 금하고 어떤 음식물은 먹지 말라고 할 터이나 _____
_____
_____ "

(디모데전서 4:3-4)

특별히 인간은 하나님의 형상으로, 다른 피조물과는 다른 독특한 지위를 갖고 있습니다. 즉 하나님의 형상으로서 하나님의 통치를 대행하는 것입니다. 인간의 순종을 통해 창조세계는 하나님의 복을 누리게 됩니다. 우리 인생의 목적은 하나님의 통치에 순종하며, 아름다운 창조세계를 유지하는 것입니다.

3. 인간을 비롯한 모든 피조물은 하나님께 의존해야 하는 존재들입니다.

모든 피조물은 그 존재를 하나님께 의존합니다. 세상 만물과 인간은 피조물이며 하나님의 복을 필요로 합니다. 복은 피조물이 살아가는 데 있어 필요한 모든 것이며, 이것은 하나님에게서만 올 수 있다는 것이 성경의 가르침입니다. 인간이 피조물의 위치에서 창조주 하나님께 순종하며 하나님의 통치를 대행하는 사명을 따라 살아갈 때, 세상은 하나님의 복을 누리게 됩니다. 이것이 하나님이 창조하신 세상의 질서였습니다.

"하나님이 그들에게 복을 주시며 하나님이 그들에게 이르시되 _____,
_____, 바다의 물고기와 하늘의 새와 땅에 움직이는
_____ " (창세기 1:28)

"현대성의 힘과 유혹도 자신의 진리를 교회에서 실현하시는 하나님, 자신의 성품을 평범한 사람들의 삶에서 가르치시는 하나님, 구원의 목적을 세계에서 현실화하고 세계가 나아갈 방향과 과정에서 섭리로 다스리시는 하나님의 활동을 전혀 방해할 수 없다."

데이빗 웰스

하나님의 창조는 당신에게 어떤 의미가 있습니까?

4. 타락의 본질은 하나님의 통치에 대한 반역입니다.

인간은 사탄의 유혹을 받아 하나님을 반역하게 되었습니다. 다음 질문에 답하며 타락의 본질에 대해 정리해봅시다.

선악과를 먹지 말라는 명령에 순종하는 것은 어떤 의미입니까?

_____

_____

_____

선악과를 먹은 것은 어떤 의미입니까?

_____

_____

_____

"여호와께서 하늘에서 인생을 굽어살피사 지각이 있어 하나님을 찾는 자가

있는가 보려 하신즉 _____

_____ 죄악을 행하는 자는 다 무지하냐 그들이 떡 먹듯이

내 백성을 먹으면서 여호와를 부르지 아니하는도다" (시편 14:2-4)

5. 타락의 결과 하나님의 복이 사라지고 저주가 가득하게 되었습니다.

타락의 결과 하나님의 선한 창조세계의 질서가 파괴되었습니다. 하나님과 인간의 관계가 파괴되면서, 하나님의 복이 사라져 버리고 저주(복의 결여)가 이 땅에 가득하게 되었습니다.

"아담에게 이르시되 네가 네 아내의 말을 듣고 내가 네게 먹지 말라 한 나무 의 열매를 먹었은즉 _____ _____" (창세기 3:17)

타락은 모든 선한 창조의 영역들을 왜곡시켰습니다. 결국 인간은 하나님의 복이 사라진 상태에서 스스로 자신에게 필요한 것들을 찾아야 했습니다. 이것 이 우상숭배와 각종 탐욕을 만들어내는 이유입니다.

"_____ 에렉과 악갓과 갈레에서 시작되었으며 그가 그 땅에서 앗수르로 나아가 니느웨와 르호보딜과 갈라와 및 _____ _____" (창세기 10:10-12)

6. 하나님의 복을 잃어버린 인간은 우상을 숭배하며 사망에 이르게 되었 습니다.

우상숭배란 하나님께 의존하지 않고 다른 방법으로 필요한 것을 얻으려는 모든 시도입니다. 이러한 우상숭배는 하나님께서 창조한 세상을 더욱 왜곡시 킵니다. 종교 뿐 아니라 경제적 이익을 위한 환경파괴와 국가, 계층 간의 빈부

격차를 만듭니다. 또한 서로 소외시킴으로 각종 스트레스와 육체적, 정신적 질병, 쾌락을 추구하게 만들어 각종 윤리적 타락을 야기하고, 탐욕으로 가정을 비롯한 모든 관계를 파괴합니다. 따라서 이 세상에는 하나님의 진노가 더욱 가중되어 갑니다.

"이르시되 _____
_____ 이는 내가 그것들을 지었음을 한탄함이니라 하시니라" (창세기 6:7)

도표2. 타락의 결과

　인간의 타락은 하나님의 선한 창조세계의 모든 것을 오염시키고, 왜곡시켰습니다. 인간은 타락으로 하나님의 복을 잃고 저주로 가득한 세상에서 이생의 삶을 살아가게 되었습니다. 또한 반역의 대가로 죽음 이후에 영원한 형벌을 받게 되었습니다. 이것이 성경이 말하는 사망입니다. 사망의 상태는 인간의 절망적인 이생과 내세의 형벌을 포함하는 말입니다.

"
_____

_____ 에덴 동산 동쪽에 그룹들과 두루 도는
불 칼을 두어 생명 나무의 길을 지키게 하시니라" (창세기 3:23-24)

 Question 2 타락의 결과는 당신의 삶을 어떻게 파괴해왔습니까?
또한 이 세상을 어떻게 왜곡시켰는지 실례를 들어봅시다.

7. 타락한 세상에 대한 해결책이 복음입니다.

성경은 세상을 구원하여 진정한 회복으로 이끌 하나님의 구원을 계시하고
있습니다. 성경은 이 모든 문제들이 하나님에 대한 반역으로 왔으며 인간이
스스로 해결할 수 없다고 말합니다. 구약 성경은 타락의 이야기에서 끝나는
것이 아니라 하나님의 구원을 계시하는 이스라엘의 역사로 접어듭니다. 그 시
작은 아브라함 언약입니다. 여기에서 복음이 시작됩니다. 예수님은 구약에서
계시된 구원을 성취하시기 위하여 세상에 오신 것입니다.

"
_____

_____ 되리라" (창세기 17:7)

> "기독교 신앙은 타락에 대한 고찰 없이는 설명될 수 없다. 기독교 신앙의 핵심에
> 는 하나님의 의로우심을 드러내고 결국엔 그리스도 안에서 받아들여진 사람들의
> 성품을 새롭게 하는 방식으로 인류와 하나님의 관계를 회복시키는 구속이 있기 때
> 문이다."
>
> 폴 헬름

Question 3 왜곡되고 망가진 당신 개인의 삶과 세상에
하나님의 구원이 필요합니까?

내용 정리하기

• **인도자 Question** (인도자가 제시하는 질문으로 의견을 나눕니다.)

• **간증을 읽고 결단하기**

> **간증 : 타락한 세상의 유일한 해결책(40대 자매)**
>
> 저는 수십 년을 기독교인으로 살아왔지만, 스스로를 하나님께서 창조하신 피조물로서의 가치에 대해 한 번도 고민하고 생각해본 적이 없었습니다. 또한 내 존재가 죄로 인한 타락의 결과이고 하나님을 통한 거듭남이 없이는 진정한 복과 평안을 얻지 못한다는 한계를 깊이 깨닫지 못했습니다. 세상에서 제시하는 '성공'과 '안정'을 하나님께서 주시는 축복이라 오해했고, 그 '복'을 하나님께 구하며, 열심을 다해 살았습니다. 결혼을 하자 '성공'과 '안정'에 대한 갈망은 더욱 커졌지만, 외적으로 그것이 이루어질수록 제 마음은 더 조급해지고 불안해졌습니다. 결국 그 불안함은 현실에서 드러났습니다.
>
> 남편이 우울증과 공황장애를 앓게 되면서 직장을 그만두게 되었고, 더불어 경제적으로 큰 손실까지 입게 되자 태어나서 처음으로 느꼈던 극한 좌절감과 불안감에 빠지게 되었습니다.
>
> 내가 움켜잡으려 했던 '성공'과 '안정'이 사라지자, 제게는 절망 밖에 남지 않았습

니다. 하지만 그 무렵 받게 된 제자훈련을 통해 기독교의 참된 진리를 알아갈수록 제 삶에 일어난 결과들에 대해 정확한 해석을 내릴 수 있었습니다. 아담과 하와에게 선악을 알게하는 나무의 열매를 먹어 눈이 밝아지는 것이 복이 될 수 없듯이 하나님을 떠난 세상이 약속한 '성공'과 '안정'이라는 복이 진정한 복이 될 수 없음을 절감하게 되었습니다. 그 절망의 자리에서, 영혼이 발가벗겨진 그 자리에서 저는 하나님이 제게 주신 구원과 소망을 바랄 수 있게 되었습니다. 모든 것을 내려놓고 예수의 걸음을 따라 삶의 걸음을 옮기는 인생을 시작하게 되었습니다.

이제는 '성공', '안정', '물질의 소유'라는 욕망을 내려놓고, '하나님나라 확장', '베품', '섬김'이라는 푯대를 향해 나아가고 있습니다. 주님과 함께 이 길을 동행하며, 타락의 가치를 붙잡고, 헤매고, 고통 받는 사람들에게 진정한 복과 생명을 흘려보내는 가정으로 변화되기를 원합니다.

기도하며 마무리하기

우리의 타락으로 왜곡되고 망가진 세상을 구원하실 하나님. 하나님께서 만드신 사람이 하나님께 순종하며 하나님이 만드신 세상을 다스릴 때 복이 임한다는 것을 깨닫습니다. 다시 하나님께 돌아가 우리의 삶이 회복되도록 도와주소서.

3 이스라엘을 통한 하나님의 구원계획

1. 이스라엘을 통해 계시된 하나님의 구원 계획을 이해한다.
2. 하나님의 구원을 성취하실 메시야에 대한 구약의 예언들을 살펴본다.

하나님은 인간의 반역에 대해 노하셨다.

홍수로 세상을 심판하셨고, 인간의 반역을 무력화하기 위해 언어를 흩으셨다.

이러한 사건들은 선악과를 먹으면 죽을 것이라고 말씀하신대로

반역한 인간에 대한 하나님의 심판이었다.

인간의 타락 이후 현재까지 절망스러운 세상의 상황들을 볼 때

하나님은 반역의 대가로 인류를 영원히 저주 가운데 두시려는 것은 아닐까?

그렇지 않다. 하나님께서는 아브라함을 부르심으로

온 세상을 구원하시려는 하나님의 계획을 계시하시기 시작했다.

주제 말씀 읽기와 찬양

• **찬양으로 마음열기**

• **주제 말씀**　누가복음 24장 44-48절

"또 이르시되 내가 너희와 함께 있을 때에 너희에게 말한 바 곧 **모세의 율법**과 **선지자의 글**과 **시편**에 나를 가리켜 기록된 모든 것이 이루어져야 하리라 한 말이 이것이라 하시고 이에 그들의 마음을 열어 성경을 깨닫게 하시고 또 이르시되 이같이 그리스도가 고난을 받고 제삼일에 죽은 자 가운데서 살아날 것과 또 그의 이름으로 죄 사함을 받게 하는 회개가 예루살렘에서 시작하여 모든 족속에게 전파될 것이 기록되었으니 너희는 이 모든 일의 증인이라"

• **여는 대화**

1) 이스라엘에 대해 알고 있는 것을 이야기해봅시다.

2) 이스라엘의 역사는 우리에게 어떤 의미가 있습니까?

깊이 들어가기

1. 하나님의 구원 계획은 먼저 아브라함에게 주어집니다.

"아브라함은 _____

_____ 아니냐" (창세기 18:18)

   하나님께서 아브라함을 부르셨습니다. 하나님께서는 인간이 타락으로 잃어버렸던 복을 아브라함과 그의 후손 이스라엘을 통해 다시 회복하실 것이라고 말씀하십니다. 이것이 망가진 세상을 구원하시려는 하나님의 계획, 즉 복음입니다.

2. 하나님의 구원은 아브라함의 후손 이스라엘의 역사 가운데 계시됩니다.

   이스라엘은 애굽에서 해방되어 하나님과 언약을 맺습니다. 하나님의 언약은 자신을 반역한 백성들을 자기 백성으로 부르심으로 시작됩니다. 그리고 그 백성들에게 땅을 허락하십니다. 그 땅에 하나님의 통치를 위한 법을 주시고 인간이 반역을 회개하고 하나님의 법을 따라 살아가도록 요청하십니다.

"_____

_____

_____ 할렐루야" (시편 105:43-45)

이스라엘은 하나님과의 언약으로 온 세상을 구원할 도구로 선택되었습니다. 다윗을 통해 이 땅이 하나님의 통치로 가득하게 될 때, 이스라엘 백성은 하나님의 복이 임하는 것을 경험하게 됩니다. 그러나 이스라엘은 하나님과의 언약을 깨트리고 구원의 도구로서의 역할을 감당하지 못했습니다. 결국 이스라엘은 포로상태를 맞이합니다.

이스라엘 백성들은 하나님의 구원 계획을 계시하는 통로의 역할을 감당했지만, 하나님의 구원을 이 땅에 이룰 수는 없었습니다. 이것이 이스라엘의 역사적 의의이며 한계였습니다. 하나님께서는 이스라엘을 통해 보이셨듯이 이 땅을 구원하실 것입니다. 하지만 이러한 구원의 역사가 이스라엘을 통해 완성되지 않습니다. 그러므로 구약은 필연적으로 하나님의 구원을 이루실 메시야를 요청합니다.

"만군의 여호와가 이르노라 보라 용광로 불 같은 날이 이르리니 _____
_____
_____
_____
_____" (말라기 4:1-2)

이것이 하나님의 구원을 바라보는 선지자들의 공통적인 메시지였습니다.

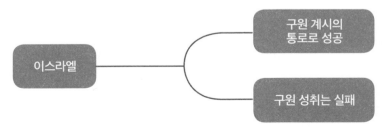

도표3. 이스라엘의 한계

> "창세기 12장에 나오는 아브라함의 소명은 이스라엘 역사의 기원이 되고 그 이전에 있었던 모든 사건을 단지 그 이야기의 서론으로 만들어버릴 만큼 결정적인 사건이다. 사실 바빙크는 특별계시는 아브라함의 소명과 더불어 시작된다고 결론짓기까지 한다. 구속사는 이제 처음에는 모형과 그림자로, 그 다음에는 때가 차면 실체로, 메시아를 향해 빠르게 움직이기 시작한다."
>
> 마이클 호튼

3. 선지자들은 이스라엘의 실패를 책망합니다.
이스라엘의 멸망은 하나님을 반역한 죄의 결과임을 보여줍니다.

선지자들은 공통적으로 언약을 깨트리고 아담과 같이 반역하는 이스라엘의 모습을 책망합니다. 그리고 이스라엘 역사의 결국은 이방인들처럼 하나님께 반역함으로 하나님의 진노 가운데 처하는 것이었습니다. 이것이 포로됨의 의미입니다.

> "주 여호와께서 이와 같이 이르시되 이것이 곧 예루살렘이라 내가 그를 이방인 가운데에 두어 나라들이 둘러 있게 하였거늘 _____
> _____
> _____
> _____" (에스겔 5:5-6)

4. 진정한 왕이신 메시야에 의해 하나님의 복음이 성취될 것입니다.

이스라엘의 멸망 이후 스룹바벨과 느헤미야를 통해 재건된 성전과 에스라에 의한 공동체의 회복은 하나님의 은혜를 통해 이 세상이 회복될 것임을 보여 줍니다. 선지자들은 이스라엘이 멸망하겠지만 결국 하나님께서 다스림으로 세상에 진정한 평화가 올 것이라는 소식을 전했습니다. 이것이 좋은 소식, 즉 복음입니다. 이 복음은 하나님께서 보내실 종이자 이스라엘을 다스릴 진정한 왕을 통해 성취될 것입니다.

"베들레헴 에브라다야 너는 유다 족속 중에서 작을지라도 이스라엘을 다스릴 자가 네게서 내게로 나올 것이라 _____"
(미가 5:2)

이스라엘의 왕은 세상 사람들이 하나님을 반역한 죄를 짊어지고 죽으심으로 하나님의 구원을 성취하게 될 것입니다. 그리고 이 죽음이 이스라엘과의 언약을 대체하는 새 언약이 될 것입니다.

"
_____
_____
_____ 우리는 다 양 같아서 그릇 행하여 각기 제길로 갔거늘 여호와께서는 우리 모두의 죄악을 그에게 담당시키셨도다"(이사야 53:5-6)

Question 1 이스라엘의 역사를 통해 드러난 하나님의 구원은
어떤 것인지 이해되는 대로 나누어봅시다.

5. 구약은 결국 메시야에 의해 성취될 하나님나라를 고대합니다.
인류는 그 메시야를 기다리게 되었습니다.

하나님께서 메시야를 통해 다스릴 백성들은 이스라엘과 달리 하나님의 말씀에 순종하게 될 것이며, 하나님의 복이 다시 이 땅에 임하기 시작할 것입니다.

"_____

_____

_____

_____ 내가 너희를 모든 더러운 데에서 구원하고 곡식이 풍성하게 하여 기근이 너희에게 닥치지 아니하게 할 것이며 또 나무의 열매와 밭의 소산을 풍성하게 하여 너희가 다시는 기근의 욕을 여러 나라에게 당하지 아니하게 하리니" (에스겔 36:26-30)

실패한 이스라엘을 포함한 온 인류가 구원자를 고대하게 되었습니다. 유대인 뿐 아니라 모든 인류는 하나님에 대한 반역으로 자신들에게 주어진 문제를 결코 스스로 해결하지 못했습니다. 이제 메시야가 누군지가 인류 역사에서 가장 중요한 문제가 되었습니다.

타락 → 이스라엘을 통한 구원계시 → 하나님 통치로 세상 회복 / 메시야를 통한 하나님의 계획 성취 → 예수의 죽음과 부활, 재림으로 성취

도표4. 하나님의 구원계획 성취의 과정

이스라엘의 역사는 당신과 어떤 관련이 있습니까?

내용 정리하기

- **인도자 Question** (인도자가 제시하는 질문으로 의견을 나눕니다.)

- **간증을 읽고 결단하기**

> **간증 : 이스라엘의 구원이 나의 구원으로(30대 형제)**
>
> 저는 어릴 때부터 교회를 다니기 시작하면서 성경을 접했고 자연스럽게 이스라엘의 역사와 이야기들을 익히게 되었습니다. 저에게 구약과 이스라엘의 이야기들은 신앙의 도전을 주는 한편의 드라마였었지만 한편으로는 예수 그리스도께서 오시기 위한 과정일 뿐 큰 의미는 없었습니다.
>
> 그들은 예수 그리스도가 없고, 성령이 없었던 실패한 자들일 뿐이었습니다. 그래서 저는 구약보다 신약이 더 가치 있는 것이라고 여겼습니다. 하지만 신앙생활이 더 깊어지면서 구약이 정말 중요하지 않다면 왜 이렇게 많은 양을 우리에게 남겨놓았을까? 하는 의문이 들었습니다. 또한 신약을 쓴 저자들도 모두 구약을 잘 이해하고 그것을 바탕으로 예수님의 가르침을 받았을 것이라는 생각이 들었습니다. 그래서 구약에 관심을 갖게 되었고 하나님께서 원하시는 것은 옛날이나 지금이나 하나님 말씀에 순종하는 것이라는 생각에 도달했습니다. 하지만 이스라엘을 통해 우리에게 말씀하시고자 하는 하나님의 큰 뜻을 제대로 파악하진 못했습니다.
>
> 그러다가 하나님나라 제자훈련을 통해 이스라엘의 의미가 무엇인지 알게 되었습니다. 하나님은 이스라엘이라는 나라를 통해 '하나님께서 우리의 하나님이 되시고 우리는 하나님의 백성이 됨'으로 하나님의 복을 회복하게 될 것을 보여주셨습니다. 그리고 메시야를 통한 그 구원 계획의 성취 아래서 우리가 하나님의 말씀에 순종한다는 것이 어떤 의미인지를 보여주셨습니다. 그것은 바로 하나님의 통치 아래서 하나님나라를 회복하는 삶을 사는 것입니다.
>
> 이것이 이해가 되자 구약부터 신약을 지나 오늘날 우리가 왜 하나님께 순종해야 하는지 알게 되었고 하나님은 창세기부터 변함없이 우리를 구원하시기 위해 일하고 계셨다는 것을 깨닫게 되었습니다. 실패한 이스라엘을 끝까지 붙드시는 하나님

의 일하심을 보며 하나님께서 얼마나 우리를 본래 하나님의 형상으로 다시 회복시키고 복을 주시기 원하시는지 알게 되었습니다.

그 하나님의 놀라운 계획이 너무 놀랍고 감사했습니다. 그래서 저도 하나님나라의 사역에 동참하기를 다짐하게 되었습니다. 이제는 하나님께서 우리에게 주시고자 하는 구원이 무엇인지 전하고 실천하며 하나님께 영광을 돌리기를 간절히 원합니다.

기도하며 마무리하기

이스라엘을 통해 구원을 보여주신 하나님. 우리에게 구원을 베푸신 하나님을 찬양합니다. 또한 인간의 힘으로는 구원을 얻을 수 없음을 고백합니다. 메시야를 통해 하나님께서 다스리시는 삶을 기대하고 누리게 하소서.

4 예수 그리스도를 통한 구원

1. 구약에서 예언된 구원과 관련하여 예수님이 무엇을 하기 위해 오신 것인지 정리한다.
2. 예수의 사역의 절정인 죽음과 부활은 어떻게 구원을 성취하는지 정리한다.

구약을 통해 하나님께서 창조하신 세상이 인간의 반역으로 저주 아래 있게 되었고,
하나님이 세상을 다시 구원하실 것이라는 것이 분명해졌다.
그 구원은 죄로 타락한 백성을 하나님의 백성으로 삼아,
그들을 하나님의 말씀에 순종하게 하여
그들이 사는 땅을 회복시키는 것으로 시작하여
그들의 죽음 이후의 모든 형벌을 거두고 영원한 생명을 주는 것이다.
하나님의 통치를 벗어나 반역한 인간을 구원하여 주어질
이 땅의 회복과 내세의 영원한 생명을 '하나님나라'라고 한다.
그리고 이 나라는 메시야를 통해 성취된다.
하나님께서 보내신 메시야는 바로 예수님이셨다.

주제 말씀 읽기와 찬양

- **찬양으로 마음열기**

- **주제 말씀**   사도행전 26장 21-23절

  "유대인들이 성전에서 나를 잡아 죽이고자 하였으나 하나님의 도우심을
  받아 내가 오늘까지 서서 높고 낮은 사람 앞에서 증언하는 것은 선지자들과
  모세가 반드시 되리라고 말한 것밖에 없으니 곧 **그리스도**가 고난을 받으실
  것과 죽은 자 가운데서 먼저 다시 살아나사 이스라엘과 이방인들에게 빛을
  전하시리라 함이니이다 하니라"

- **여는 대화**

  1) 당신에게 예수님은 어떤 분이시며 당신의 삶에 어떤 의미가 있나요?

깊이 들어가기

1. 예수께서 세상에 오신 목적은 구약에 약속된 하나님나라를 성취하는 것입니다.

예수는 구약에서 약속하신 하나님나라를 성취하실 메시야로 이 세상에 오셨습니다. 하나님께서는 메시야이신 예수님을 통해 온 인류의 죄를 사하고 하나님의 통치를 회복시킴으로 죄가 온 세상에 가져온 문제를 해결하실 것이라고 예언하셨습니다. 이것이 바로 예수께서 이 세상에 오신 목적입니다.

"아들을 낳으리니 이름을 예수라 하라 _____

_____

_____ 이르시되 보라 처녀가 잉태하여

아들을 낳을 것이요 _____

_____ " (마태복음 1:21-23)

2. 하나님의 구원에 삼위일체의 신비가 계시되어 있습니다.

예수께서 세상에 오셔서 이루신 구원은 삼위일체적 사역입니다. 이 구원에는 삼위일체 하나님의 신비가 고스란히 계시되어 있습니다.

하나님의 사역:

예수님의 사역:

성령님의 사역:

> "삼위일체 교리를 다룰 때 나는 성부와 성자와 성령의 사역을 창조와 구속과 구원의 적용 관점에서 분리시키는 위험을 지적했다. 신성의 모든 행동에서 각각의 위격이 관여한다. 각각의 위격은 경륜에서 감당해야 할 구분된 사역을 가지고 있지만, 모든 사역은 성부로부터, 성자 안에서, 성령을 통해 이루어진다."
>
> 마이클 호튼

3. 예수님의 모든 사역은 하나님나라를 증거하고 성취하는 것이었습니다.

예수의 모든 사역은 하나님나라를 성취하는 사역이었습니다. 1) 예수께서는 하나님의 나라를 선포하셨고 하나님나라가 무엇인지 가르치셨습니다. 2) 이적을 통해 하나님나라가 이미 왔으며 이 땅의 문제들이 회복될 것임을 보여 주셨습니다. 3) 예수께서는 십자가에 죽으심으로 하나님의 사역을 성취하셨고, 부활하심으로 자신이 메시야임을 나타내셨습니다.

"또 비유를 들어 이르시되 ＿＿＿＿＿＿＿＿＿＿＿＿＿＿＿＿＿
＿＿＿＿＿＿＿＿＿＿＿＿＿＿＿＿＿" (마태복음 13:31)

"해 질 무렵에 사람들이 온갖 병자들을 데리고 나아오매 ＿＿＿＿＿＿
＿＿＿＿＿＿＿＿＿＿＿＿＿＿＿＿＿" (누가복음 4:40)

예수를 통한 하나님의 구원은 지금도 여전히 역사 가운데 진행중입니다. 하나님의 구원은 하나님의 통치가 이 땅에 회복됨으로 나타납니다. 하나님의 통치는 하늘 보좌 우편에 계신 예수를 주로 고백하며 성령의 인도하심을 따름으로 이 땅에서 이루어지고 있습니다.

예수께서 이 세상에 하신 일은 무엇이며, 당신에게 어떤 의미가 있습니까?

4. 예수님의 죽음은 우리에게 구원을 줍니다.

1) 속죄제사로의 죽음

예수의 죽음은 하나님의 구원 계획을 성취하는 속죄 제사입니다. 예수의 십자가 죽음은 인류의 죄를 대신하는 죽음이며, 죄를 사하는 죽음이며 유월절 어린양과 제사장들의 모든 제사를 온전히 성취하신 죽음입니다.

"그가 우리를 대신하여 자신을 주심은 _____

_____" (디도서 2:14)

"_____ 하셨느니라" (히브리서 10:14)

2) 인류를 의롭게 하시는 죽음

따라서 예수의 십자가의 죽음은 우리의 죄를 깨끗하게 하여 하나님의 백성이 되게 하는 효력이 있습니다. 예수의 죽으심은 예수를 주로 고백하는 사람들에게 죄를 사하는 화목제사가 되어 의롭다 하심을 얻게 합니다.

"

_____ 이 예수를 하나님이 그의 피로써 믿음
으로 말미암는 화목제물로 세우셨으니 이는 하나님께서 길이 참으시는 중
에 전에 지은 죄를 간과하심으로 자기의 의로우심을 나타내려 하심이니"
(로마서 3:24-25)

하나님께서는 십자가에 죽으신 예수를 믿는 자에게 십자가의 피로 그들의
죄를 사하시어 하나님의 백성이 되게 하시는 방식으로 구원을 주십니다. 예수
님을 믿는 자에게는 예수님의 죽음이 자기 통치의 죽음이 되며, 성령에 의한
하나님나라의 통치가 시작됩니다.

5. 예수님의 부활은 우리에게 구원을 줍니다.

예수의 부활은 그가 메시야이며, 우리가 믿어야 할 하나님의 아들이요, 주라
는 것을 증거합니다. 또한 부활은 우리의 이생과 내세의 새 생명을 보증합니
다. 예수님을 믿으면 우리가 하나님의 통치를 따라 살아가는 새 생명을 누립
니다.

"그러므로 _____

_____

_____

_____ 함이라" (로마서 6:4)

예수님을 믿으면 우리가 죽음 이후에 영원한 부활을 누리게 됩니다.

"나팔 소리가 나매 _____

_____" (고린도전서 15:52)

예수님의 부활은 육체의 욕망을 따라 사망의 인생을 살아가던 우리에게 성령을 따르는 새로운 삶과 내세에서의 몸의 부활을 보증하는 방식으로 우리에게 구원을 줍니다.

위에서 살펴본 바와 같이 예수 그리스도는 죽음과 부활을 통해 하나님의 구원을 성취하셨습니다. 이 구원은 개인적 차원에서 머무는 것이 아니라 이 땅에 하나님나라가 임함을 통해 이 땅의 모든 영역들이 회복되는 공적인 차원으로 확대됩니다. 또한 죽을 수밖에 없는 모든 인류에게 내세의 심판과 영원한 삶을 바라보면서 믿음 안에서 살아갈 수 있도록 소망을 줍니다. 우리가 이땅에서 하나님의 구원을 경험하며 살아간다면 우리는 죽으시고 부활하신 예수의 증인이 됩니다.

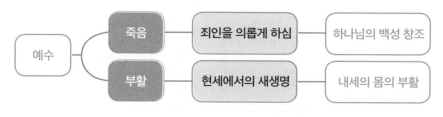

도표5. 예수의 죽음과 부활

**당신은 십자가에 죽으시고 부활하신 예수를 믿습니까?
그러면 당신에게는 어떤 구원의 약속이 보장됩니까?**

6. 우리의 구원은 확실합니다.

구원은 인간의 의가 아닌 하나님의 의로 주어집니다. 구원은 하나님께서 행하신 일로만 가능한 것이며, 우리는 구원에 어떤 영향을 미칠 수 없습니다. 우리는 하나님의 은혜로 백성이 되었습니다. 우리의 행위가 아니라 하나님의 행위로 구원이 이루어졌으니 하나님의 백성이 된 자들의 구원은 확실한 것입니다.

"
_____

_____ " (로마서 3:24)

예수 그리스도를 믿고 구원 받은 성도의 구원에 대해 우리는 어떤 문제도 제기할 수 없습니다. 성도는 자신의 구원에 대해 확신할 수 있습니다. 자신의 선행이나 공로가 아니라, 삼위일체 하나님의 사역에 의해 구원이 주어졌기 때문입니다. 그러므로 성도는 죄를 스스로 책임지려는 태도를 가져서는 안됩니다. 구원의 근거는 하나님의 구원 행위에 있습니다.

7. 하나님의 통치를 따르는 변화된 삶이 구원의 증거입니다.

이제 우리에게 중요한 것은 구원을 확신하고, 영적 훈련을 통해 우리에게 남아 있는 죄의 영향을 끊어내는 것입니다. 스스로 구원의 확신만 있고, 구원받은 자로서의 삶의 증거가 없다면 문제가 심각합니다. 구원 받은 하나님의 백성은 하나님의 주권을 따라 하나님의 통치를 이뤄야 하는 사명을 갖습니다. 따라서 경건의 훈련을 통해 새로운 삶을 추구해야 합니다. 영적 훈련을 통해 우리의 삶이 변하면 구원의 열매들이 나타납니다. 그것이 구원의 가장 확실한 증거입니다.

"너희로 _____

_____

_____ 원하노라" (빌립보서 1:10-11)

> "결국 신앙의 승리는 자기를 비우고 그리스도께 온전히 의존함이며, 이러한 신앙의 완성을 위하여 하나님은 모든 성도의 실존 속에 개입하고 계심을 알아야 한다."
>
> 박영선

내용 정리하기

· **인도자 Question** (인도자가 제시하는 질문으로 의견을 나눕니다.)

· **간증을 읽고 결단하기**

하나님의 통치를 거부한 제 삶은 마치 사사기적 혼란과 어둠이었습니다. 사회생활을 시작하면서 물질과 쾌락, 성공에 대한 탐욕과 욕심에 사로잡혀 살았습니다. 불규칙한 생활과 음주로 인해 당뇨라는 병을 얻게 되었고, 주식 투자의 실패로 많은 돈을 잃고 빚을 지게 되었습니다. 그 과정에서 주변 사람들에게 물질적, 정신적으로 상처와 아픔을 주었고, 정직하지 못한 삶을 살았습니다. 주식으로 모든 것을 잃고 빚만 남게 되었을 때가 되어서야 하나님 앞에 나의 죄를 인정하고 하나님을 찾게 되었습니다.

제자훈련을 받게 되면서 내가 수없이 고백했던 예수와 그분으로 말미암은 구원의 의미를 제대로 이해하게 되었습니다. 예수의 사역이 하나님나라의 성취라는 것을 알게 되었습니다. 나를 의롭게 하신 예수의 죽으심이 여전히 나를 용납하시는 하나님의 사랑을 확신케 했고, 예수의 부활이 거룩한 삶의 원천이 되었습니다. 예수 구원의 풍성한 의미를 깨닫고, 하나님의 말씀에 순종할 때 망가진 제 삶에 하나님의 구원과 회복이 임하게 되었습니다. 우상과 탐심을 버리고 거룩한 삶으로 나아가게 되었습니다. 빚을 갚을 수 있는 길이 열렸고, 결혼 후 5년 동안 생기지 않았던 아이를 하나님이 둘이나 허락하셨습니다.

저는 세상의 어떤 것도 인간의 소망이 될 수 없음을 뼈저리게 실감했습니다. 예수의 복음 안에서 그분의 통치를 따르는 삶에 진정한 복이 임한다는 것을 확실히 알게 되었습니다.

이 진리가 부활의 예수와 동행하는 제 삶을 통해 증거되기를 소망합니다.

기도하며 마무리하기

우리의 구원을 위해 역사하시는 삼위일체 하나님. 그리스도의 십자가의 은혜를 믿고 의지하며 온전한 하나님의 백성이 되게 하여 주옵소서.

5 하나님나라의 도구, 교회

1. 예수를 주로 고백하는 공동체인 교회를 이해한다.
2. 교회의 사명에 대해 정리하며,
   교회 공동체의 일원으로 성도의 책임을 정리한다.

예수께서는 부활하여 40일 정도 세상에 계셨고,
승천하시기 전에 성령이 임할 것이라고 약속하셨다.
예수께서 승천하신 후 말씀하신대로 성령이 임하셨다.
성령의 임재로 회개하여 예수를 주로 고백하는 사람들이 모여
공동체를 이루었는데 이는 곧 교회 시대의 시작이었다.
하나님의 창조, 인간의 반역, 이스라엘을 통해 계시된 하나님의 구원을 성취하신
예수님의 이야기의 다음은 바로 교회의 이야기이다.
교회의 이야기는 예수의 재림으로 하나님의 구원이 완성될 때까지 이어질 것이다.

주제 말씀 읽기와 찬양

• 찬양으로 마음열기

• 주제 말씀 마태복음 16:18-19
"또 내가 네게 이르노니 너는 베드로라 내가 이 반석 위에 내 교회를 세우
리니 음부의 권세가 이기지 못하리라 내가 천국 열쇠를 네게 주리니 네가
땅에서 무엇이든지 매면 하늘에서도 매일 것이요 네가 땅에서 무엇이든지
풀면 하늘에서도 풀리리라 하시고"

• 여는 대화
1) 당신이 살아가는 데 있어 교회는 어떤 유익을 줍니까?

2) 지금 우리 교회에서 진행되고 있는 다양한 사역들은
   당신에게 어떤 의미가 있습니까?

깊이 들어가기

1. 교회는 예수께서 성취하신 하나님나라를 위한 계획입니다.

교회는 갑자기 생긴 종교조직이 아니라 예수께서 선포하시고 성취하신 하나님나라와 관련된 필연적인 하나님의 계획이었습니다. 이 세상에서 교회는 예수 그리스도를 주로 영접함으로 이 땅에서 하나님의 구원을 누리는 사람들의 공동체이자 예수의 재림 때까지 하나님나라의 도구가 됩니다. 교회는 예수께서 성취하신 하나님의 구원을 가져오는 이 땅의 유일한 소망입니다.

> "당연히 예수님은 '교회'라는 명사(에클레시아)를 자주 사용하시는 것이 아니라 '나라'(바실레이아)에 대해 거듭해서 언급하신다. 그럼에도 불구하고 예수님은 이렇게 약속하셨다. '내가…. 내 교회를 세우리니 음부의 권세가 이기지 못하리라'(마태복음 16:15-18). 중요한 문제는 '에클레시아'라는 단어가 몇 번이나 사용되고 있는지가 아니라 예수 그리스도가 자신의 말씀과 행동으로 실제로 자신의 교회를 세우셨는가 하는 것이다."
>
> 마이클 호튼

2. 교회는 머리이신 하나님과 그 아들 예수의 통치를 받는 그리스도의 몸입니다.

"
_____

_____ " (에베소서 1:23)

교회는 예수를 머리, 즉 주로 고백하는 자들의 모임입니다. 교회는 자선단체나 동호회가 아닙니다. 교회는 예수를 세상의 창조주요, 구원자요, 또한 자신의 삶의 주인으로 인정한 자들의 공동체입니다. 나아가 예수를 통해 회복된 하나님과의 관계를 바탕으로 지체를 존중하며 인간의 참된 가치를 실현하는 공동체입니다.

"우리가 유대인이나 헬라인이나 종이나 자유인이나 _____
_____" (고린도전서 12:13)

3. 교회는 세상의 결핍을 채우는 하나님의 충만함입니다.

그리스도의 몸으로서의 교회는 하나님을 떠나 모든 결핍으로 고통당하는 이 세상을 하나님의 구원으로 다시 채울 수 있습니다. 교회는 예수의 복음을 전함으로 이 세상의 유일한 소망이 될 수 있습니다.

교회는 세상의 유일한 소망이 될 수 있습니까?
그 근거는 무엇입니까?

4. 교회(의 지체들)의 영적 성장을 위해 필요한 것은 다음과 같습니다.

영적으로 성장한다는 것은 하나님의 통치로 자신의 삶이 새롭게 변화되어가는 것입니다. 나아가 변화된 하나님의 백성들이 이루는 공동체의 존재방식이 하나님의 통치를 따르는 방식으로 변화되는 것입니다. 이렇게 개인과 공동체의 존재방식이 하나님나라를 구현할 때 교회가 전하는 복음은 진정성을 입증할 수 있게 됩니다. 그렇다면 교회가 영적으로 성장하기 위해 무엇이 필요할까요?

① 말씀을 양육하며 삶의 모범을 보여줄 영적 스승 (살전 2:7-8)
② 예배와 기도와 말씀 양육을 통한 은혜의 체험 (벧후 3:18)
③ 서로 사랑과 선행을 격려하며 인격의 성숙을 도모할 수 있는 공동체
　　(히10:24-25)
④ 성장을 위한 끊임없는 열심과 노력 (빌 2:12)

도표6. 그리스도인의 영적성장

그리스도인의 공동체는 그 영적 특성에도 불구하고 연약한 인간으로 구성되어 있습니다. 따라서 영적으로 성숙한 공동체를 이루기 위해서는 서로의 역할들을 존중하며, 하나님의 뜻을 따라 공동체적 결정이 내려지도록 기도하며, 함께 모여 상의하여 거룩한 결론에 도달하도록 힘써야 합니다.

 당신의 영적 성장을 위해 필요한 요소는 무엇입니까?

5. 교회에는 크게 세 가지 사명이 있습니다.

하나님나라는 백성, 땅, 주권의 세 요소로 정리할 수 있습니다. 교회가 하나님나라의 도구라면 이 세 용어를 따라 교회의 사명을 정리하는 것이 필요합니다.

1) 교회는 하나님의 백성을 불러 모으는 도구입니다.

이 세상은 하나님을 거부하고 하나님과 단절된 상태입니다. 이러한 가운데 교회는 예수 그리스도를 믿도록 선포함으로 하나님의 백성을 불러 모으는 도구가 되어야 합니다.

"이르되 _____

_____ 그 밤 그 시각에 간수가

그들을 데려다가 그 맞은 자리를 씻어 주고 자기와 그 온 가족이 다 세례를

받은 후" (사도행전 16:31-33)

2) 교회는 이 땅의 회복을 위한 도구입니다.

교회는 이 땅에 보냄을 받았습니다. 기본적으로 교회는 이 세상의 회복을 위해 존재합니다. 따라서 하나님의 백성들의 공동체인 교회는 이 땅의 회복을 위한 도구로 역할을 감당해야 합니다.

"주 여호와의 영이 내게 내리셨으니 이는 여호와께서 내게 기름을 부으사

_____

_____

_____" (이사야 61:1)

3) 교회는 하나님의 주권(통치)을 구현하는 도구입니다.

교회는 하나님이 통치하시는 하나님나라의 도구입니다. 따라서 교회는 하나님의 통치가 구현되는 공동체가 되는 것을 목표로 해야 합니다.

"빌기를 다하매 모인 곳이 진동하더니 무리가 다 성령이 충만하여 담대히 하나님의 말씀을 전하니라 _____

_____

_____" (사도행전 4:31-32)

| 하나님의 백성을 불러 모으는 도구 | 이 땅의 회복을 위한 도구 | 하나님의 주권을 선포하는 도구 |

도표7. 진리인식의 길

"성령 안에서 예수 그리스도께 연합되어 하나가 되어야 하는 교회, 믿음이 하나인 교회, 사도들의 복음의 순결성에 충성스러운 교회는 또한 그리스도를 닮아 성장해가며, 그리스도 안에서 새로운 인류의 시작으로 세상적인 분열을 초월하는 이 땅위의 하나님의 백성이 되어야 하는 것이다."

에드먼드 클라우니

6. 교회의 지체된 모든 성도들은 하나님나라를 위한 동역자입니다.

"_____

_____ 나뿐 아니라 이방인의 모

든 교회도 그들에게 감사하느니라" (로마서 16:3-4)

바울은 로마서를 마치며 자신의 동역자들을 소개합니다. 교회 공동체의 구성원들은 각자의 부르심과 은사에 따라 교회 공동체를 위해, 나아가 세상에 복음을 전하기 위해 하나님께서 세우신 동역자들입니다.

교회 공동체에는 복음을 위한 다양한 사역들이 있습니다. 이에 성도들은 자신의 달란트로 다양한 일에 동참하여 복음사역이 온전케 되도록 섬겨야 합니다. 또한 개인 뿐 아니라 자신에게 맡겨진 다양한 삶의 영역에서 하나님나라를 세워가야 합니다.

특히 모든 교회 공동체의 구성원들은 근면하고 성실한 삶으로 얻어진 물질을 나눔과 복음 사역을 위해 하나님께 드립니다. 이러한 사역은 자본주의적 삶의 방식에 저항하는 하나님나라 백성의 존재 방식입니다.

교회 공동체 구성원으로서 성도들의 사명은 무엇입니까?
당신은 사명을 잘 감당하고 있는지 평가해봅시다.

내용 정리하기

- **인도자 Question** (인도자가 제시하는 질문으로 의견을 나눕니다.)

- **간증을 읽고 결단하기**

> **간증** : 영광스런 교회의 사명**(40대 자매)**
>
> 어린 시절부터 교회를 다녔지만 사회생활을 시작하면서 삶과 신앙생활이 일치하지 않는 저의 모습에 힘이 들었습니다. 성경이 가르치는 사랑과 거룩이 충만한 교회는 현실 교회의 모습에서는 찾아볼 수 없었습니다. 목사님과 장로님들간의 끊임 없는 의견충돌이 교회의 분란을 야기했고, 성도들간의 대화도 동창회나 반상회에서 이루어지는 대화와 차이가 없었습니다. 하나님의 거룩하심과 너무나 거리가 먼 제 자신과 교회의 모습에 실망한 저는 교회와 신앙으로부터 도피했습니다. 제 욕망을 추구하며 제 힘으로 저의 안정을 이루려고 하였습니다. 처음에는 그것이 잘 되어지는 것 같았고, 주변의 부러움도 샀습니다. 그러나 물질은 한 순간에 사라졌고, 가정도 깨어지고 말았습니다.
>
> 저는 갈급해진 심령으로 하나님의 말씀 위에선 건강한 교회에서 다시 신앙생활을 시작하고 싶었습니다. 선교사였던 친구의 소개로 가게 된 교회에서 제자훈련을 받게 되면서, 교회라는 공동체의 의미와 사명에 대해 깨닫게 되었습니다. 저는 제가 겪게 된 불행과 실패에 대해서, 제 주변과 환경, 교회의 탓을 했습니다. 그러나 정작 제 자신조차도 그리스도의 몸인 교회를 세우는 건강한 지체로 살아가지 못했고, 교회를 병들게 했음을 회개했습니다. 교회가 영적 성장을 이루며 하나님나라의 도구로서 사명을 감당할 때 개인만이 아니라 이 땅을 회복시키는 도구로 존재할 수 있다는 것을 알게 되자 교회로 부름 받은 것이 너무나 감사했고, 내 인생의 목적을 새롭게 정할 수 있었습니다.
>
> 이제는 예전처럼 사람을 교회에 데려오기만 하는 것이 아니라 그 사람의 삶에도 하나님의 나라와 통치가 임하도록 말씀과 사랑으로 섬기기를 원합니다. 하나님나라의 도구로서의 건강한 교회를 세우는 데 하나님이 주신 은사와 시간들을 사용하고 싶습니다.

기도하며 마무리하기

우리를 교회로 부르셔서 하나님나라를 이루어가는 도구로 세워가시는 하나님. 이 땅에 교회가 해야 하는 사명을 깨닫게 하시고 그 사명을 실천하는 참된 도구가 되게 하여주옵소서.

6 성령을 따라 살아가는 삶

1. 성령의 사역에 대해 이해한다.
2. 성령 충만한 삶을 살기 위해 필요한 것은 무엇인지 정리한다.

우리는 삼위일체 하나님에 대한 완벽한 지식을 갖기 어렵다.
인간과 다른 본질을 가진 존재이시기 때문이다.
특히 성령에 대하여는 많은 오해가 있는 것이 사실이다.
이에 성령에 대해 성경의 다양한 가르침들을 근거로
정확한 이해를 하는 것은 너무나 중요하다.
우리가 갖는 성령에 대한 오해는 하나님의 구원에 대해,
예수의 하나님나라 복음 선포에 대해
또 다른 오해를 만들어낼 수밖에 없기 때문이다.

주제 말씀 읽기와 찬양

· **찬양으로 마음열기**

· **주제 말씀** 에베소서 5장 15-18절
"그런즉 너희가 어떻게 행할지를 자세히 주의하여 지혜 없는 자 같이 하지 말고 오직 지혜 있는 자 같이 하여 세월을 아끼라 때가 악하니라 그러므로 어리석은 자가 되지 말고 오직 주의 뜻이 무엇인가 이해하라 술 취하지 말라 이는 방탕한 것이니 오직 **성령**으로 충만함을 받으라"

· **여는 대화**
  1) 당신은 성령을 체험했습니까?
     성령을 체험했다고 여겨지는 경험들에 대해 나눠봅시다.

  2) 자신이 성령 충만한 삶을 살았다고 말할 수 있는 시기의
     특징은 무엇이었습니까?

깊이 들어가기

1. 성령은 하나님과 예수 그리스도의 영이십니다.

삼위일체 하나님은 이 세상을 창조하시고 섭리하시는 사역에서부터 타락한 세상을 구원하시는 모든 사역에 동일한 뜻과 의지를 가지시고 상호 의논하고 순종하십니다. 하나님이 계획하신 구원을 성취하기 위해 예수가 오셨고, 예수께서 승천하신 이후 성령이 오셨습니다.

"그러나 내가 너희에게 실상을 말하노니 ＿＿＿＿＿＿＿＿＿＿＿＿＿

＿＿＿＿＿＿＿＿＿＿＿＿＿＿＿＿＿＿＿＿＿＿＿＿＿＿＿＿＿＿

＿＿＿＿＿＿＿＿＿＿＿＿＿＿" (요한복음 16:7)

따라서 기본적으로 성령의 사역은 하나님께서 계획하시고 예수님께서 성취하신 구원을 이 세상에 완성시켜 가시는 분이라 할 수 있습니다. 특히 성령은 하나님나라의 도구인 교회를 통해 하나님의 구원을 이루어 가십니다. 교회시대인 지금을 살아가는 우리 모두는 성령을 통해서만 하나님나라를 누리며 확장할 수 있습니다. 성령은 하나님의 구원을 세상에 구체화시키는 하나님의 영이시며, 그리스도의 영이십니다.

"만일 ＿＿＿＿＿＿＿＿＿＿＿＿＿＿＿＿＿＿＿＿＿＿＿＿＿＿

＿＿＿＿＿＿＿＿＿＿＿＿＿＿＿＿＿＿＿＿＿＿＿＿＿＿" (로마서 8:9)

> "그 분은 삼위일체의 한 위이시며, 성부 및 성자와 동등하시다. 삼위의 사역은 구별되는데, 성부는 계획하시고 성자는 성취하시며 성령은 적용하신다. 세 분이 각각 자기의 사역을 감당하심으로써 하나님의 뜻을 이루어내신다."
>
> 노만 가이슬러

2. 성령은 예수를 믿게 하시며,
모든 성도들에게 하나님의 통치를 이루십니다.

예수께서는 성령의 임재를 기다리라고 말씀하십니다. 이 말씀은 그 동안 성령께서 세상을 구원하시는 일에 동참하시지 않았다는 뜻이 아니라, 예수의 승천 이후에 그를 믿는 하나님의 백성들에게 보편적으로 내재하셔서 하나님의 구원을 보증하는 시대가 열릴 것이라는 의미입니다.

다시 말해 성령께서는 예수를 통한 하나님의 구원 진리를 하나님의 백성들에게 알게 하시고, 구원 받은 백성들 안에 계셔서 그들이 육체와 마음의 욕망대로 살지 않고 하나님의 통치에 순종하게 하십니다. 하나님의 통치에 순종한다는 것은 예수님을 주로 모시고 살아간다는 것이며, 성령님의 인도하심을 따른다는 것입니다. 따라서 성령님의 인도하심을 따라 살아가면 하나님나라가 이 땅에 옵니다.

"그러나 진리의 성령이 오시면 _____

_____

_____" (요한복음 16:13)

또한 하나님의 백성들을 공동체로 모으시고 복음 안에서 하나됨을 유지하십니다. 우리의 삶을 인도하셔서 사탄의 통치를 끝내고 새로운 삶을 살아가게 하십니다.

"우리를 너희와 함께 그리스도 안에서 굳건하게 하시고 우리에게 기름을 부으신 이는 하나님이시니 _____ _____" (고린도후서 1:21-22)

> 하나님의 통치에 순종한다
>
> = 예수님을 주로 모시고 살아간다
>
> = 성령님의 인도하심을 따른다

도표8. 그리스도인의 영적성장

 Question 1 성령님은 어떤 분이십니까? 성령님의 사역을 정리해봅시다

3. 성령의 열매는 하나님의 통치가 구현된 삶입니다.

성령을 떠올리면 광신적이며 신비한 현상을 연상하기 쉽습니다. 물론 성령의 은사 중 신비한 현상도 있지만 그것은 성령의 다양한 은사 중 일부에 불과합니다. 그러므로 그것을 절대화하거나 금기시해서는 안 됩니다.

"_____ _____ _____ 내가 또한 가장 좋은 길을 너희에게 보이리라" (고린도전서 12:30-31)

중요한 것은 우리 안에 내주하시는 성령의 열매가 무엇인가 하는 것입니다. 성령의 열매는 풍성한 공동체, 풍성한 복음 전파, 하나님의 통치가 구현된 변화된 삶입니다.

"오직 성령의 열매는 _____

_____ 이같은 것을 금지할 법이 없느니라"

(갈라디아서 5:22-23)

"먼저 성령님은 우리가 죄인임을 깨닫게 하신다. 성령님은 찌르는 막대기처럼 우리의 양심을 찔러서 죄를 깨닫게 하신다. 세속적 의미에서든 영적 의미에서든 간에 인간의 죄의 본질을 과소평가하는 사람은 누구나 복음을 왜곡시키는 것이다."

데이빗 메케나

4. 우리가 예수님을 믿는다는 것은
성령의 인도하심을 따라 살아간다는 것입니다.

인류는 하나님을 반역하고 스스로 만들어낸 삶의 방식을 따라 살아갑니다. 이러한 삶의 방식으로부터 다시 하나님의 통치를 따라 살아가는 삶의 방식으로 변화시키는 것이 하나님께서 인류에게 제시한 복음의 일차적인 목적입니다.

"내가 이르노니 _____

_____" (갈라디아서 5:16)

우리가 회개하고 십자가의 예수를 믿는다는 것은 바로 타락한 삶의 방식을 버리고 새로운 방식으로 살아가는 것을 의미하는데, 이것이 바로 성령의 인도하심을 따라 살아가는 것입니다. 성령의 인도하심을 따라 살아가면 성령의 능력이 육체의 욕심을 제어하여 새로운 삶을 살아가게 하십니다.

성령의 인도하심을 따라 살아가는 것은 하나님의 주권을 인정하며 통치에 순종하는 것이며 예수 그리스도를 삶의 주인으로 모시고 살아가는 것입니다. 성령님은 하나님과 예수님의 뜻을 이루시는 분이시며, 하나님나라가 이 땅에 임하도록 도우시는 분이십니다. 성부와 성자와 성령님은 같은 뜻과 계획을 위해 사역하시며, 구원을 이루시는 삼위일체 하나님이십니다.

5. 성령 충만함을 사모하면, 육체의 욕망을 이기고 승리할 수 있습니다.

성령의 인도를 따라 살아가기 위해서 우리는 말씀으로 새로운 세계관을 정립하고, 세상의 염려와 자신의 욕망을 주님 앞에 내어 놓고 기도하며 하나님의 뜻을 구해야 합니다. 우리 안에는 우리의 욕망과 성령의 인도하심 사이에 내적 갈등이 나타납니다.

"_____
_____ 함이니라" (갈라디아서 5:17)

세상의 방식에서 벗어나 하나님과의 교제 안에서 성령의 충만함을 소망함으로 우리는 하나님의 구원을 풍성히 누리는 삶을 살아갈 수 있습니다. 따라서 우리는 늘 성령의 충만함을 위해 힘써야 합니다. 기도와 말씀과 찬양 가운데 성령님의 임재가 충만하도록 나를 내어 드릴 때, 우리는 하나님의 도구로 의미 있고 가치 있는 삶, 우리가 회복을 경험하고, 또한 회복을 나눌 수 있는 삶을 살아갈 수 있습니다.

당신의 삶은 육체의 욕망의 지배를 받고 있습니까?
성령의 인도하심을 받고 있습니까?

성령의 인도하심을 따라 살아가기 위해
당신에게 필요한 결단은 무엇입니까?

내용 정리하기

• **인도자 Question** (인도자가 제시하는 질문으로 의견을 나눕니다.)

• **간증을 읽고 결단하기**

> ### 간증 : 침묵 속에 찾아오신 성령님(30대 자매)
>
> 20대가 되어 대학에 들어간 뒤 친구들과 어울리며 내 자신을 꾸미고 가꾸는데 시간과 돈을 많이 투자했다. 무대에서 더 빛나 보이고 싶어 외적인 모습을 가꾸는데 많은 노력을 하고, 더 좋은 무대를 만들기 위해 소리 내어 기도하고 찬양하는 시간들을 줄여 내 목소리를 아꼈다. 그렇게 나는 학교에서 실력을 인정받으면서 여러 무대에 설 수 있었다. 그런데 중요한 오디션을 앞두고 성대결절이 찾아왔다. 상태가 심각했기에 수술을 받아야 했고, 6개월의 회복기간 동안 좋아하는 노래는 물론이고 대화조차 할 수 없게 되었다.
>
> 내가 자랑하고 의지했던 모든 것이 사라졌다. 나의 목소리도, 좋은 목소리를 통해 그렸던 나의 미래도 사라져버렸다. 말을 할 수 없으니 친구들을 만날 수도 없었고 내가 즐겼던 쇼핑이나 마사지를 받으러 다닐 수도 없었다. 익숙하지 않은 침묵 가운데 집에 혼자 있어야만 했다. 하지만 나는 그 상실과 고독의 시간을 통해 사랑한다고 고백했지만 마음과 삶에서 멀리했던 성령님을 만나게 되었다. 성령님은 말씀을 통해 내가 하나님 보다 내 자신을 더 사랑했음을 철저히 깨닫고 회개하게 하셨다. 내가 모든 것을 잃어도 내 존재 자체를 사랑하시는 하나님의 사랑을 알게 하셨다. 기도를 통해 내 삶 가까이 계신 성령님을 느끼고, 성령의 인도하심을 바라게 하셨다.
>
> 이제 나는 내가 가진 것으로 나를 위한 미래를 그리지 않는다. 다만 내게 주어진 시간과 달란트가 하나님의 뜻을 위해서 사용되기를 바란다. 말씀과 기도를 통하여 성령의 인도하심을 구할 때 하나님이 내게 허락하신 가정 속에 아름다운 하나님의 나라가 이루어지길 소망한다.

기도하며 마무리하기

진리의 성령을 보내주셔서 우리의 길을 인도하시는 하나님. 기도와 말씀을 통해 성령님께서 우리를 가르쳐주시는 것을 깨닫게 하옵소서. 그리고 성령님의 인도하심을 따라 순종하며 육체의 정욕을 이기고 구원의 풍성함을 누리게 하옵소서.

7 하나님나라의 완성

1. 하나님나라의 완성의 과정으로서 이미 시작된 종말에 대해 이해한다.
2. 종말을 살아가는 성도의 삶과 죽음의 의미에 대해 정리한다.

성경 이야기의 처음은 하나님의 창조였다.

하지만 타락으로 이 세상은 변질되었다.

성경은 구약에 계시된 대로

예수 그리스도를 통한 하나님의 구원 이야기에서 절정을 이룬다.

예수를 통해 성취된 하나님의 구원으로서의 하나님나라는

교회를 통해 만물을 회복하는 방식으로 이 땅에 성취된다.

그리고 마지막으로 성경은

예수 그리스도를 통하여 시작된 하나님나라가

예수의 재림으로 완성된다고 말한다.

주제 말씀 읽기와 찬양

· 찬양으로 마음열기

· 주제 말씀   요한계시록 18장 19-20절

"티끌을 자기 머리에 뿌리고 울며 애통하여 외쳐 이르되 화 있도다 화 있도다 이 큰 성이여 바다에서 배 부리는 모든 자들이 너의 보배로운 상품으로 치부하였더니 한 시간에 망하였도다 하늘과 성도들과 사도들과 선지자들아, 그로 말미암아 즐거워하라 하나님이 너희를 위하여 그에게 심판을 행하셨음이라 하더라"

· 여는 대화

1) 자신의 죽음에 대하여 자주 생각하십니까?

   죽음을 생각하면 어떤 느낌이 드십니까?

2) 당신은 역사의 끝에 관하여 어떤 생각,

   혹은 어떤 시나리오를 가지고 있습니까?

깊이 들어가기

1. 세상의 끝은 예수님의 재림을 통한 하나님나라의 완성입니다.

예수께서는 재림을 통한 세상의 끝을 이야기 하셨습니다. 사도들도 세상의 끝에 대해 가르쳤습니다. 사도요한은 하나님나라의 완성으로 이 세상의 멸망과 새 하늘과 새 땅을 말합니다.

> "_____
> _____ 또 내가 보매 거룩한 성 새 예루살렘이
> 하나님께로부터 하늘에서 내려오니 그 준비한 것이 신부가 남편을 위하여
> 단장한 것 같더라" (요한계시록 21:1-2)

창조로 시작된 이 세상의 역사는 타락한 세상을 구원하는 하나님의 사역을 통해 완성으로 나아갑니다. 이 세상의 역사는 사탄의 통치를 따라 회개하지 않는 자들의 멸망과 하나님의 백성의 구속으로 마무리됩니다. 이렇게 하나님나라가 완성되어 가는 과정 속에서 예수의 초림 이후부터 재림까지를 종말이라 합니다. 따라서 교회의 성도들은 지금 종말의 시대를 살아가고 있습니다.

> "이 시대에 그리스도의 왕국은 이 시대의 왕국을 전복시키지 않는다. 또한 하나님의 진노를 실행하지도 않는다. 그러나 그리스도가 돌아오시면 영광 가운데 온 땅을 심판하시고 다스리실 것이다."
>
> 마이클 호튼

2. 우리는 하나님나라의 완성을 바라보며 종말을 살아가는 성도입니다.

종말을 살아가는 하나님의 백성들은 이미 이루어진 하나님나라를 맛보지만, 동시에 완성을 향해 나아가는 하나님나라를 고대하며 살아갑니다. 성경은 재림에 대한 두 가지 극단적 반응에 대해 배격합니다. 재림이 임박했다고 믿으며 현실을 외면하는 것과 재림이 없을 것이라 믿고 방종하며 살아가는 것입니다.

"＿＿＿＿＿＿＿＿＿＿＿＿＿＿＿＿＿＿＿＿＿＿＿ 오직 주께서는 너희를 대하여 오래 참으사 아무도 멸망하지 아니하고 다 회개하기에 이르기를 원하시느니라 ＿＿＿＿＿＿＿＿＿＿＿＿＿＿＿ 그 날에는 하늘이 큰 소리로 떠나가고 물질이 뜨거운 불에 풀어지고 땅과 그 중에 있는 모든 일이 드러나리로다" (베드로후서 3:9-10)

3. 종말을 살아가는 성도들은 삶으로 재림을 준비합니다.

종말은 과정입니다. 마태복음 25장을 통해 종말을 살아가는 하나님의 백성들의 삶의 자세를 세 가지로 정리할 수 있습니다.
① 세상 끝을 분명히 인식하라
② 주님 나라를 위해 자신에게 주어진 달란트를 사용하라
③ 지극히 작은 자들을 섬기라

"＿＿＿＿＿＿＿＿＿＿＿＿＿＿＿＿＿＿＿＿＿＿＿＿＿
＿＿＿＿＿＿＿＿＿＿＿＿＿＿＿＿＿＿" (베드로전서 4:7)

세상의 끝을 분명히 인식하라	주님 나라를 위해 달란트를 사용하라	지극히 작은 자들을 섬기라
열처녀의 비유	달란트의 비유	양과 염소의 비유

도표9. 종말을 살아가는 하나님의 백성

우리는 재림의 시기를 알 수 없습니다. 따라서 우리는 하나님의 통치를 받는 우리의 삶으로만 재림을 준비할 수 있습니다.

"_____

_____ 하더라" (요한계시록 19:8)

 당신은 종말을 살아가는 성도의 모습을 가지고 있습니까?

4. 성도의 죽음은 몸의 부활과 하나님나라의 영원한 삶으로 나아가는 과정입니다.

인간의 타락은 죽음을 비롯한 수많은 본질적인 문제들을 일으켰습니다. 그러나 예수의 구원은 우리의 문제들을 해결하며, 특히 예수의 부활과 그것이 약속하는 성도의 부활은 죽음의 의미를 전혀 새롭게 바꿉니다.

"_____

_____ 사망아 너의 승리가 어디 있느냐

사망아 네가 쏘는 것이 어디 있느냐" (고린도전서 15:54-55)

성도의 죽음은 역사의 끝에 올 재림을 통한 하나님나라의 완성이 미리 오는 것입니다. 성도의 죽음은 존재의 끝을 의미하는 것이 아니라 주님의 나라에 있게 되는 과정입니다.

"또 내가 들으니 하늘에서 음성이 나서 이르되 기록하라 _____

_____ 하시매 성령이 이르시되 그러하다 그들이 수고를 그치고 쉬리니 이는 그들의 행한 일이 따름이라 하시더라" (요한계시록 14:13)

예수의 재림 시에 죽은 자들과 살아 있는 성도들 모두 변화되어 부활의 몸을 입습니다.

"주께서 호령과 천사장의 소리와 하나님의 나팔 소리로 친히 하늘로부터 강 림하시리니 _____

_____

_____" (데살로니가전서 4:16-17)

 성도의 죽음에 대한 성경의 가르침은 당신에게 어떤 소망을 주나요?

5. 하나님나라의 완성에 이르기까지 교회는 복음의 증인으로 고난을 받기도 하지만, 하나님의 복 가운데 살아가며 영원한 하나님나라를 상속 받습니다.

하나님은 세상 만물을 회복하실 복음을 주셨지만, 교회를 통해 이 세상에 하나님나라가 완성되는 것은 아닙니다. 세상은 하나님의 진노에도 불구하고 회개하지 않고 하나님을 반역하는 사탄의 활동으로 더욱 악해질 것입니다.

"이 재앙에 죽지 않고 남은 사람들은 _____

_____

_____

_____" (요한계시록 9:20-21)

이 세상은 하나님께서 심판하실 것이며, 하나님나라의 완성은 우리가 상상할 수 없는 방법으로 이루어질 것입니다. 즉 하나님의 특별한 능력으로 예수께서 재림하실 때 새 하늘과 새 땅에서 실현될 것입니다.

성도들의 공동체인 교회는 이 땅에서 하나님나라의 상속자가 되지만, 복음을 전파하면서 필연적 고난에 직면하게 됩니다. 교회의 권세는 세상의 물질과 권세를 소유하는 방식이 아니라, 복음을 전하는 방식으로 구현됩니다. 복음을 전하는 교회는 복음의 능력을 풍성히 체험하며, 세상과는 다른 하나님나라의 질서를 구현합니다. 하나님나라가 구현된 교회 공동체의 사역을 통해 이 세상 만물의 회복과 죽음 이후의 영원한 삶, 나아가 재림을 통한 하나님나라의 완성을 약속하는 복음이 전파될 때 박해와 함께 이 세상에서 가장 권세 있는 공동체가 됩니다.

"이는 _____

_____ 곧 영원부터 우리 주 그리스도

예수 안에서 예정하신 뜻대로 하신 것이라" (에베소서 3:10-11)

> "그때에는 아버지의 섭리하시는 능력을 역사 속에서 행사하고, 아들에게 영광을 가져다준 하나님의 성령의 역할이 절정의 상태에서 목격될 것이다. 그리고 성령이 오순절에 주어진 궁극적인 목적이 그가 교회를 인치신 그 의도를 유념하면서 총체적으로 성취될 것이다."
>
> 싱클레어 퍼거슨

내용 정리하기

· **인도자 Question** (인도자가 제시하는 질문으로 의견을 나눕니다.)

· **간증을 읽고 결단하기**

> **간증** : 영원을 준비하는 삶(40대 형제)
>
> 어린 시절 교회에서 주님을 만나 눈물로 회개했던 순간은 정말 행복하고 평안했습니다. 원하는 대학에 진학하지 못한 실망감을 술과 쾌락으로 채우며 주님을 떠났습니다.
>
> 세상의 끝이 없는 것처럼, 내 위에 아무도 계시지 않는 것처럼 내가 주인 되어 나의 욕망과 쾌락을 위한 삶을 살았습니다. 안정적인 미래를 위해 장교로서 군복무를 했고, 여호와의 증인의 신앙을 가진 여자를 만나 결혼을 했습니다. 더 많은 물질을

얻기 위해 사업을 시작했지만 오히려 사업의 실패와 함께 가정도 깨어지고 말았습니다. 제가 주인된 삶은 철저한 실패로 끝났습니다.

그러나 가난과 절망뿐인 저를 주님은 다시 불러주셨고 주님 앞에서 내가 주인되어 살았던 지난 날의 추악함과 교만함을 회개하게 되었습니다. 이제 예수님을 나의 주님으로 인정하자, 주님은 제 삶을 다스리시고 회복시키셨습니다. 새로운 직장을 주시고, 다시 믿음 안에서 가정을 이루게 하셨습니다. 무엇보다 하나님의 나라를 지향하는 건강한 교회에서 양육과 훈련을 받게 되면서 하나님의 창조로 시작되고, 예수께서 구속하신 이 땅이 하나님나라의 완성을 향해 나아가고 있음을 배우게 되었습니다. 삶 속에서 조금씩 마지막과 영원을 의식하게 되었고, 그에 따른 결정들을 하게 되었습니다.

이제 욕망으로 낭비하는 삶이 아니라 하나님의 뜻을 따름으로 영원을 준비하는 삶이 되기를 바랍니다. 제가 소유하게 된 영원한 나라와 그 영원한 나라가 주는 충만함과 기쁨을 가정과 직장 속에서, 이웃을 섬기는 자리에서 증거하는 삶이되기를 바랍니다.

기도하며 마무리하기

이 세상 역사는 하나님나라의 완성을 위해 나아가고 있으며 반드시 종말과 심판이 있음을 믿습니다. 또한 성도의 죽음은 하나님나라의 영광에 참여하는 것이며 부활의 소망이 있음을 믿습니다. 지금 있는 곳에서 하나님의 뜻에 순종하며 하나님의 나라를 이루어가는 종말의 삶을 살아갈 수 있도록 인도하소서.